Apprendre les Couleurs

Ce livre appartient à:

_____

Glorya Phillips

Blanc

Jaune

Orange

Rose

Rouge

Vert

Menthe verte

Bleu

Bleu Marin

Violet

Gris

Charbon

Beige

Crème

Marron

Noir

Cuivre

Argent

D'or

Merci de nous avoir choisi.
Nous espérons que vous avez apprécié notre livre.
Votre avis est important pour nous,
s'il vous plaît dites-nous comment vous avez aimé
notre livreà l'adresse :

 **glorya.phillips@gmail.com**

 **www.facebook.com/glorya.phillips**

 www.instagram.com/gloryaphillips

www.ingramcontent.com/pod-product-compliance
Lightning Source LLC
LaVergne TN
LVHW050138080526
838202LV00061B/6528